Giuliano Floreancigh

Vue Hôtel Miramare

Altro di questo Autore
"Lettere di G"
2016 Lulu.com

EDITORE GIULIANO FLOREANCIGH
DISTRIBUITO DA LULU.COM

COPERTINA DI DAVIDE BISI
FRONT "D'Où VIENT LA MER" 2017
RETRO "CLOSE AT THE WIND" 2017
Contact:davide.bisi.pave@gmail.com

ISBN 978-1-326-93574-0

Prefazione

Questo libro può considerarsi il seguito di "Lettere di G", edito nel 2016.

Come per la pubblicazione precedente, ogni capitolo ha una propria storia, un percorso indipendente, un messaggio personale, anche se al termine, come noterete, tutto si può collegare attraverso fili sottilissimi dando così un senso generale ben definito al progetto, parte di una trilogia al suo secondo atto.

Alcuni dei racconti e dei pensieri contenuti in questa edizione erano rimasti fuori da "Lettere di G" per un motivo ben preciso.

A parer mio, realizzare un'opera dai brevi contenuti avrebbe messo il lettore nella condizione di leggerla più volte, forse anche nel giro di poco tempo e soprattutto senza annoiarsi, cogliendone man mano la struttura stratificata di significati, risvolti, e possibili interpretazioni.

Quest'aspetto era per me molto importante e frutto probabilmente del mio retaggio di produttore musicale. Una canzone o una melodia viene concepita per essere ascoltata un numero indefinito di volte, deve entrare nella mente e nel cuore delle persone senza dar noia.

Nella mia scrittura cerco di replicare questo concetto.

Un libro che arrivi come una canzone.

Ora veniamo al titolo, "Vue Hôtel Miramare".

Perché questa scelta?

Perché mi sembra un buon collegamento mentale per trasportare il lettore verso un ipotetico luogo di vacanza, magari proprio in Costa Azzurra, dove soggiornare per rilassarsi e osservare, pensare, staccare la spina dalla routine e accendere il proprio motore emozionale. Quale posto migliore per dedicarsi alla lettura e alla meditazione se non di fronte al mare?

Che sia in spiaggia o sopra una terrazza, davanti ad un cappuccino con cornetto o ad un mojito, non fa differenza. Nel mio immaginario, mi appare come il contesto ideale per immergersi in una lettura che susciti emozioni e induca a riflessioni.

Come indicavano alcune recensioni del mio precedente lavoro, non ho la pretesa di definirmi "uno del mestiere".

Non conosco trucchi, non ho il tocco esperto che sa cosa pizzicare per raggiungere il successo planetario.

Però scrivo col cuore, con un linguaggio semplice e diretto, di facile lettura, perché sono assolutamente uno di voi.

Perché prima di essere autore, sono un avido lettore.

E questo non posso dimenticarlo.

1. Il gatto con gli stivali

2. Dimmi perché mi chiami amore

3. Necrofagi

4. Emozioni

5. La mia mammina ha un cancro

6. Sul tuo comodino

7. Alibi

8. Storia di un obiettivo 40 mm

9. Non mi fido

10. E' finito il tempo

11. John Lennon sprofonda in un pozzo

1. Il gatto con gli stivali

Nel precedente libro, ho speso parole di apprezzamento nei confronti di un personaggio a me molto caro, Mary Poppins, e ho narrato dei legami che possono esistere tra quelle che definiamo comunemente "favole" e la "realtà".

Ora, vorrei soffermarmi su quest'altro simpatico ma anche profondo soggetto delle fiabe europee: il gatto con gli stivali.

La più antica attestazione "scritta" della storia di questo personaggio risale a Giovanni Francesco Straparola, intorno al 1550.

Esistono però una serie d'incertezze sulla vera origine di questo soggetto, le cui gesta sono state narrate nei secoli da diversi autori. Ad esempio, celebri divennero le versioni create da Charles Perrault e dai Fratelli Grimm, che probabilmente ricorderete.

La favola mette in luce alcuni fattori di antichissima memoria e valore, ed è per questa ragione che attira la mia attenzione più di altre. Voglio prima elencarveli uno per uno e approfondirli in seguito.

Come primo aspetto segnalo la scalata sociale compiuta dal protagonista, che da povero si ritrova ricco; questa è una logica riscontrabile anche in altre fiabe di tradizione secolare, come Cenerentola.

Un altro aspetto degno di nota, e aggiungerei di antico retaggio, è la visione di un'animale "umanizzato", che con la sua astuzia aiuta il protagonista in difficoltà.

Un ultimo particolare che mi colpisce è l'introduzione da parte dell'autore francese Perrault di alcuni elementi che rendono tutt'oggi il racconto fiabesco perfettamente riconoscibile: "gli stivali", che costituiscono un'ulteriore simbolo dell'umanizzazione del Gatto, e infine "la figura dell'orco".

Ora una curiosità che probabilmente alcuni ignorano. Il Gatto in alcune versioni della favola è di sesso femminile e non ha altri attributi antropomorfi se non quello della parola.

Torniamo ora al tema principale e approfondiamo l'argomento.

La scalata sociale: un concetto che ritroverete approfondito anche in un'altro capitolo di questo libro, è che da sempre l'uomo cerca con vari mezzi, leciti e meno leciti, di sollevarsi dalla propria condizione, o status, ed emergere.

Nelle fiabe e nelle favole, abbiamo una ricostruzione fedele di questa antica mentalità, rappresentata sì dall'astuzia, dalla macchinazione o strategia che dir si voglia, ma anche dal rispetto di alcuni nobili concetti.

Ad esempio, in questi racconti, chi riesce a fare il salto di qualità possiede nobili virtù. Oppure è spinto da forti motivazioni che vanno oltre l'apparente egocentrismo, come l'amore, l'amicizia, il desiderio di fare del bene. E' chiaro, dal racconto del Gatto con gli stivali e da molti altri, che il povero, il disagiato, il meno fortunato, insegue costantemente il desiderio di una vita migliore e che talvolta la raggiunge. Che sia con mezzi propri o con piccoli aiuti, il fatto di riuscire a migliorare la propria condizione è un messaggio positivo. E' probabilmente l'antica origine del moderno "Yes we can".

Non importa cosa possiedi o non possiedi materialmente; se hai dei talenti prima o poi la tua vita prenderà una svolta.

Non dimentichiamoci inoltre che la povertà rappresenta una serie di disagi sia di ordine pratico, come il fa bisogno personale, che di natura emotiva o psicologica. Non aver nulla da mettere sotto i denti e il sentirsi privati della propria dignità sono da mettersi quasi sullo stesso piano in termini di frustrazione e dolore.

D'altro canto, come ci insegna il Gatto con gli stivali, non bisogna mai chiudere la porta della speranza.

Mai.

Che dire poi della scelta di "umanizzare" un animale e dotarlo di caratteristiche peculiari "determinanti" per il raggiungimento del "lieto fine"?

Ancora oggi, molti film di animazione, molte favole moderne che siano fantasy o di stampo classico, basano la loro struttura narrativa esattamente su questa logica.

I motivi possono essere molteplici; ad esempio per gli spettatori o lettori più piccoli il mondo animale o le creature fantastiche in genere, rappresentano una forte attrattiva e un potente stimolo per la fantasia, anche se dobbiamo ammettere che avere un cane parlante o una simpatica creatura che saltella per casa piacerebbe pure a molti adulti...

Un'altra ragione potrebbe essere la necessità di trasmettere la creatività nelle persone fin da quando sono piccine. Molti degli autori o dei registi del genere animazione/fantasy hanno alimentato fin da piccoli la loro passione e questo li ha resi degli adulti "visionari" e straripanti di idee.

Tale processo li ha portati a creare interi mondi con caratteristiche migliori di quello reale, dove la gente si può rifugiare per sfuggire alla monotonia della vita quotidiana, dalla solitudine e talvolta dal dolore. Spirito d'avventura, amicizia, ricerca della pace, unità, sopravvivenza, felicità e amore sono elementi ricorrente alla base di ogni storia. Ed è anche tutto ciò a cui l'umanità in generale anela.

Questo potrebbe essere un indizio prezioso che ci porta a concludere che abbiamo un profondo bisogno di maggiore serenità, di sicurezza, e di riscoprire alcune virtù come la bontà e la generosità, oggi in disuso.

In sostanza, cerchiamo di creare nelle favole quelle condizioni di "mondo ideale" che tanto desideriamo, ma che forse consideriamo irrealizzabile, lontano dalle nostre reali capacità o possibilità. Per tale ragione ci rifugiamo nella fantasia, nell'immaginazione, convinti che questo possa bastare o che faccia da effetto placebo mentre affrontiamo la cruda realtà.

Che le cose, almeno in parte, siano così è confermato anche da alcuni dettagli che ritornano frequentemente in ogni storia fantastica trasmessa oralmente o su carta fin dalla notte dei tempi. Ad esempio, che dire della presenza del "cattivo di turno"? A volte assume le sembianze di un essere informe o fatto di antimateria, che ha poco in comune con l'uomo. In altri casi invece sono espliciti i riferimenti a esseri che più o meno ricordano le fattezze umane sia nell'aspetto fisico che nei bisogni, nello stile di vita.

Pensiamo agli orchi, creature dall'aspetto spaventoso ma simile a quello umano. Oppure ai troll, agli gnomi e ai folletti, alle streghe e quant'altro. In tutti questi soggetti sono riconoscibili non solo tratti somatici umani, ma anche comportamenti sociali ed esigenze prettamente tipiche di noi uomini. Mangiare, socializzare, dormire, appartenere a un gruppo, sopravvivere, avere una tana.

Sembra quasi che attraverso i racconti fantastici manifestiamo la necessità di confermare a noi stessi che il nemico numero uno della pace, della felicità, del benessere o dell'unità, siamo proprio noi.

Sotto finte vesti da cattivo del mondo incantato, ma sempre e comunque noi.

Un'ammissione di colpa raccontata con toni velati, accompagnata però, ci teniamo a sottolinearlo, da un reale combattimento tra ciò che "vorremmo essere", il modo in cui vorremmo vivere, e "ciò che invece portiamo tristemente avanti".

Ed essendo in parte convinti che da soli non possiamo sconfiggere il nostro egoismo, la nostra crudeltà, la nostra cattiveria, creiamo degli eroi, degli "aiutanti", che vengono in nostro soccorso. Questi eroi, questi amici, seppur all'apparenza diversi hanno alcuni tratti che ben ci rappresentano, come nel caso del gatto con gli stivali. Per quale ragione?

Perché in fondo in fondo, continuiamo ad alimentare la speranza che un giorno, vicino o lontano, riusciremo a salvarci da soli.

Ma di tutto questo, il Gatto cosa ne pensa?

Forse ci incoraggerebbe con un bel "Yes we Can", oppure, infilati i suoi stivali e impugnata la sua spada, ci fisserebbe dritto negli occhi e con sguardo felino direbbe " en garde!!".

2. Dimmi "perché" mi chiami amore

Questa è una domanda pertinente se anche tu credi che si debba essere meritevoli dell'amore che si riceve, e generosi nell'amore che si dà. Non è una questione di sfiducia verso il prossimo o mancanza di autostima. Piuttosto, la verità è che saper "amare davvero" non è poi così scontato.

L'amore è la forza più potente nell'universo, non vi sono dubbi. Quello che riesci a fare per amore può superare di gran lunga le tue forze ordinarie, quelle di cui sei a conoscenza. Soprattutto quando si tratta di difendere ciò che amiamo, si scatenano in noi energie figlie dell'antimateria che non si vedono a occhio nudo, ma di cui si sentono gli effetti.

Quanto sia potente e necessaria la forza dell'amore a volte lo scopriamo proprio nel momento in cui lo perdiamo.

Quando l'amore finisce, il vuoto che lascia è talmente intenso da togliere il fiato, da svuotarti come un fantoccio di paglia che si ritrova a vagare nel nulla.

Tanto ti dà, e tanto ti toglie.

La fine di un amore si supera, è vero. Il prezzo da pagare però è altissimo. Passi dal guardare il sole negli occhi al non riuscire nemmeno a guardare te stesso allo specchio.

Chi può dire se sei davvero in grado di amare sino in fondo!? Esattamente coloro che affermi di amare. In amore abbiamo bisogno di conferme, di verità, di sincerità.

In particolare è il nostro compagno o compagna a poterci indicare "se e quanto" sappiamo amare.

Pertanto, dimmi "perché" mi chiami amore.

Da qui nasce la domanda; da questa esigenza di sapere o ricordare per quali ragioni siamo la persona che il nostro amato o la nostra a amata desidera e merita al proprio fianco.

Le risposte non sono spine che vogliono pungere un rapporto pulito; piuttosto sono conferme necessarie. Sono un modo per mettersi in discussione e correre ai ripari se necessario o semplicemente per sentirsi più forti e uniti di prima.

Dunque il "perché" mi ami, e non solo il "mi ami oppure no".

Col passare del tempo un rapporto ha bisogno di ricevere delle iniezioni di fiducia, di stimoli, di tutto ciò che è necessario per essere ravvivato e per superare nuovi confini.

Ravvivato. Esatto. Come il metallo più prezioso in natura va regolarmente lucidato affinché rimanga splendente e quindi attraente e di intatto valore, così un rapporto ha bisogno di costanti attenzioni.

L'amore fra due persone è un territorio che bisogna continuamente esplorare, spingendosi sempre più in là per renderlo davvero forte e duraturo, per prendersene debitamente cura.

Del resto è vero che sappiamo cosa l'amore "può fare", ma non "di cosa sia fatto", che cosa sia esattamente la sua essenza. Qualcuno ha provato a spiegarlo, altri han cercato di capirlo fino in fondo.

Una scienza esatta che possa intrappolarlo e misurarlo in tutta la sua ampiezza e sostanza ancora non esiste.

Non possiamo dunque aspettarci una descrizione perfetta di "cosa" spinge qualcuno ad amarci; vi saranno aspetti estremamente lucidi, come il "ti amo perché ...", e ve ne saranno altri che a parole non si riescono a spiegare.

Ciò che conta è avere le idee abbastanza chiare. Il "ti amo punto e basta" può essere una risposta che lascia grandi dubbi. Meglio dunque imparare a descrivere l'amore, a parlarne, a ricordarci "perché" amiamo qualcuno e per quali motivi quel qualcuno ama noi.

Le emozioni si possono esternare se lo vogliamo. Dobbiamo creare l'ambiente giusto e il momento giusto.

Non puoi chiedere alla tua compagna "perché" ti ama mentre sta stirandoti una camicia o cucinando gli spaghetti. Potrai dirle "io ti amo".

E tu donna, non puoi chiederlo al tuo compagno mentre si sta facendo la barba o sta tirando l'auto fuori dal garage.

Ogni momento è buono per dire un "ti amo", ma diverso è "palare d'amore".

Per queste cose ci vuole la giusta atmosfera e la volontà di creare situazioni adatte a un tipo di dialogo così profondo e intimista.

Farlo fa parte del prendersi cura del tuo amore.

E quando decidi che è il momento giusto, ricordati di chiamarlo o di chiamarla "amore..."

3. Necrofagi

Che cosa sono i necrofagi?

Sono dei predatori carnivori, che si nutrono delle carogne o delle carni dei cadaveri favorendo in tal modo l'ecosistema. Uccelli e mammiferi ne fanno parte. Ad esempio, gli avvoltoi e le iene basano la loro strategia alimentare esclusivamente su questo modus operandi. Poi vi sono i necrofagi occasionali come il leone, i corvi, gli orsi e udite udite l'uomo.

L'uomo??? Probabilmente penserete che stia scherzando, ma non è così. Capisco che il solo pensiero può disgustarvi ma, anche se raramente, accade pure questo.

Lasciando da parte il discorso alimentazione personale, dove ogni singolo individuo è libero di fare le proprie scelte, carnivoro vegetariano o vegano che sia, vorrei concentrarmi sull'aspetto sociale di questo fenomeno.

Mi spiego meglio; oggi viviamo in una società dove la competizione tra individui ha superato i classici limiti che per secoli l'hanno regolamentata.

L'uomo è sempre stato impegnato nella lotta per prevalere sul proprio simile, ma nel passato questo duello aveva delle regole precise ed era di interesse ristretto.

Oggi quelle regole sono saltate, e le persone che provano tale istinto sono divenute incalcolabili.

Non si tratta più di una guerra tra ricco e povero, tra nobili e plebei, tra colti e ignoranti. E' diventata una guerra tra poveri, un genocidio tra classi sociali di qualsiasi livello, anche quelle più abbienti.

Ci sono meccanismi al momento difficili da cambiare o stravolgere. Non basta la politica, la tecnologia o la scienza per mettere tutti sullo stesso piano e avere gli stessi benefit. Non è bastata neanche la globalizzazione. Alcuni ingranaggi della complessa macchina dei rapporti sociali hanno bisogno di una pesante revisione, questo è un dato di fatto.

E' difficile però intervenire se alla base governa o imperversa il desiderio di prevalere, schiacciare, annullare gli altri ad ogni costo. Non importa se entrambi apparteniamo alla stessa classe sociale, io devo avere la meglio su di te e non mi basta superarti o abbatterti. Quando sei a terra ti devo divorare, devo mangiare i tuoi resti per accertarmi che di te non resti nulla, che non ci sia il rischio di un ritorno, di una tua vendetta. Nessuno spazio per il fenomeno fenice. Meglio non lasciare nemmeno le ceneri.

Sto esagerando? Purtroppo credo di no.

Di fronte alla sopravvivenza, potrebbe essere considerato quasi istintivo ricorre a ogni mezzo per salvaguardare se stessi e le persone che si amano.

Il fenomeno di cui stiamo parlando però non ha stretta relazione con il sopravvivere, non è legato a questioni di vita o di morte.

Piuttosto, le mire sono il denaro, il potere, la popolarità, e altri obiettivi simili favoriti da personalità sempre più egocentriche, sempre più egoiste, perverse e talvolta crudeli. Nella vita reale come sul web o nei social, impazza il desiderio di esaltare se stessi e distruggere il prossimo.

Questo accade soprattutto quando non si hanno particolari talenti e non si riesce a emergere per meriti propri.

Chi non ha di queste spietate attitudini, si ritrova a subire ed è trasformato nella preda da spolpare. Tutto questo, a differenza di ciò che accade nel regno animale, non favorisce l'ecosistema e non fa nemmeno parte della ruota su cui dovrebbero girare i rapporti sociali globali. Non può essere semplicemente considerato un fenomeno duro e crudele ma necessario. Piuttosto, violenza gratuita.

Dobbiamo dunque stare in guardia.

Esistono diversi tipi di necrofagi tra gli uomini.

Alcuni sono dei predatori "seriali" che vivono praticando esclusivamente tale strategia. Che abbiano interessi oppure no, lo fanno per puro godimento.

Altri invece sono predatori "occasionali", che approfittano delle nostre cadute, delle nostre ferite o che semplicemente si trovano casualmente sulla nostra strada e colgono l'attimo.

Come difendersi dai necrofagi?

Mantenendo la propria identità.

Rinunciando a inutili sfide, ma senza svilire la propria dignità o le proprie competenze. Perché "la statura morale" ha di gran lunga più valore del potere, del successo o del denaro.

Non ci sono sufficienti "Like" o "Mi piace" che possano equiparare ciò che realmente valiamo come persona. Ciò che tu vali.

Poco importa se non hai milioni di followers su Instagram Twitter o Facebook.

Pensare che la popolarità sia il mezzo per dare una svolta alla tua vita è effimero, non cadere nella trappola.

Quando hai la netta sensazione che stai subendo l'attacco di un necrofago, pensa a quanto vali, pensa al fatto che, seppur ferito, seppur menomato dalla sua voracità, "dentro di te ci sono ancora cose meravigliose da tenere in vita". Quelle non possono portartele via, se davvero vuoi resistere.

E' possibile eliminare i divoratori sociali seriali? Per ora ancora no. Non ci sono i mezzi per fare un lavoro "pulito". Potremmo limitarci a usare i loro stessi mezzi, ma alla fine che differenza ci sarebbe tra noi e loro? La nobiltà d'animo è ciò che può fare la differenza, ricordandoci che tra il male e il bene è più forte il bene.

4.Emozioni

Quasi inevitabile il riferimento al grande Lucio quando si pronuncia questa parola.

Emozioni è il titolo di uno dei suoi brani più intensi.

"Correre come un pazzo a fari spenti nella notte per vedere se poi è così difficile morire".

Battisti è stato davvero un artista di quelli che non se ne vanno mai, che restano nella memoria comune. Chi non conosce almeno alcune delle sue canzoni? Una vera icona pop, per usare un termine attuale.

Le emozioni, sono probabilmente una delle varianti più complesse della nostra esistenza.

Sono più che uno stato d'animo, e questo sia Lucio che Mogol lo sapevano molto bene.

Spesso lo stato d'animo è una condizione generale che ci accompagna per un'intera giornata o per periodi più o meno lunghi.

Un'emozione invece può durare anche un solo secondo.

Il secondo dopo potremmo viverne una completamente diversa e così via.

Un'emozione e' la variazione sul tema.

Chi, per lavoro o per pura arte, gioca con le emozioni lo sa perfettamente.

Sa per quale motivo una canzone o una melodia possono commuoverci, mentre invece una fotografia o un articolo di giornale possono indignarci.

Lo sa anche la commessa del negozio di candele del centro, che tra i tanti sceglie di inondare il locale di quel profumo che ti avvolge e attira potentemente quando apri la porta.

Lo sa la torrefazione dove bevi il caffè al mattino.

Lo sa il panettiere vicino alla piazza del tuo paese.

Pochi minuti, forse istanti, in cui osservi ascolti o inali sono sufficienti per generare un meccanismo complesso dal forte impatto.

C'è chi la chiama magia, ma in realtà, e per fortuna, stiamo parlando di un elemento in dotazione a ogni essere umano. L'Emozione.

Fare un elenco completo di quelle cose che possono emozionarci è davvero impossibile. Non credo sia fattibile nemmeno stilarne uno da considerarsi esaustivo. E non è questione di soggettività. Dipende proprio dal fatto che le possibilità di emozionarci sono praticamente infinite.

I nostri sensi hanno un ruolo fondamentale, e anche se in linea di massima li utilizziamo tutti, alcuni di noi, per indole o per scelta, fanno maggior ricorso all'uso di alcuni sensi nello specifico per accendere le proprie emozioni. Molte persone presentano maggiori sensibilità in una direzione piuttosto che in un'altra.

Ad esempio ci sono individui a cui piace molto osservare attentamente, altri a cui piace ascoltare, altre persone ancora sfruttano molto l'olfatto piuttosto che il gusto o il tatto.

Al di là delle diversità di approccio, rimane il fatto che,volutamente o incondizionatamente, tutti siamo alla costante ricerca di emozioni.

Un'emozione puoi viverla intimamente, così come puoi esternarla in migliaia di modi.

Chiudendo gli occhi. Sfoderando un sorriso pazzesco. Mettendoti a saltare e a gridare. Stringendo le mani tra loro e portandole al petto. Abbassando il capo e guardando a terra. Facendo una giravolta guardando il cielo. Fissando nel vuoto. Deglutendo. Stringendo i pugni. Passando una mano tra i capelli. Muovendo freneticamente il piede sotto il tavolo. Sbuffando. Piangendo. Tremando.

Questi e numerosi altri gesti, sono manifestazioni più o meno evidenti, più o meno intime, di quello che stai provando.

Quali sono le cose che ti emozionano di più, che lo fanno più rapidamente o, come si usa dire di questi tempi,"che ti arrivano subito"?

Ci sono alcuni elementi che tornano più frequentemente di altri.

Ne vuoi alcuni esempi? Semplice, cominciamo citando i classici.

Un tramonto, una cena romantica, il primo giorno di scuola, una festa tra amici, un bimbo che sorride, una macchina che corre veloce, la neve, un fuoco acceso, una fotografia, una canzone, una vacanza, uno sguardo d'intesa, un bacio, una carezza, l'attrazione, il tuo cane che gioca, tuo nipote che ti chiama nonno, tuo figlio che ti chiama mamma, la morte e la nascita.

Poi ci sono quelle emozioni che si possono definire "estremamente personali",che forse altri non colgono o che vivono in modo assai diverso. Sono emozioni legate al modo in cui "tu" vedi la vita. Sono sfumature in bianco e nero oppure a colori figlie di ciò che "ti appassiona", di ciò che "senti tuo" per qualche ragione.

Vuoi altri esempi? Eccoli.

La tua squadra che fa gol, la soddisfazione che provi gustando un determinato cibo, il profumo che inali entrando in qualche boutique, l'odore dei motorini in primavera, il rumore della neve sotto le scarpe, il suono della pioggia o delle onde, un tocco sulla seta, l'ultimo libro che hai comprato, il barbecue fatto in giardino, la candela accesa in fianco alla vasca, il buio della notte, le parole sussurrate, uno schiaffo, il film del sabato pomeriggio, un caldo maglione, i tuoi orecchini, un buon vino, un mazzo di rose, una favola, lo sguardo di chi ami.

"Saper gustare appieno ogni emozione e viverla fino in fondo non è così scontato".

È vero, come scrivevo poco fa, la capacità di emozionarsi è intrinseca in ogni uomo o donna.

Del resto però, come tutte le capacità o le virtù, va esercitata. Deve prendere forma. Deve mantenersi viva.

"Inseguire un airone sopra un fiume e poi ritrovarsi a volare".

Oggi usare il raziocinio è diventato fondamentale se si vuole sopravvivere.

Quindi, l'importante è trovare ancora "il modo ed il tempo per sognare ed emozionarsi".

Farlo non vuol dire cadere nel mero sentimentalismo.

Piuttosto significa dare voce a una delle più belle e sacre forme d'arte, "ciò che tu sei".

"Capire tu non puoi, tu chiamale se vuoi emozioni".

5. La mia mammina ha un cancro

Anna è nata nel 2011, in settembre, e oggi frequenta l'ultimo anno di scuola materna. Porta una bellissima coda scura sulla schiena ed ha un viso bello pieno, colorito, ma con gli zigomi alti come le modelle sui social. Le piacciono Frozen e le varie principesse Disney, tant'é che zainetto, astuccio, cerchietto per i capelli e altri accessori sono dei simboli evidenti della sua passione.

Ieri, durante un'attività proposta dall'insegnate, doveva disegnare la persona a cui vuole più bene in assoluto.

Ha ritratto la sua mamma, con dei pennarelli colorati su foglio bianco.

In passato aveva già fatto disegni simili molte volte: lei e la mamma, lei nel centro con il papà e la mamma ai lati, lei e il papà al parco.

Un po' sproporzionati, di quelli con il fiore gigantesco che arriva a toccare il sole, ma sempre molto colorati e soprattutto con le facce sorridenti.

Questa volta però il disegno è diverso. La maestra si accorge subito di un particolare che la incuriosisce e preoccupa allo stesso tempo.

Nel colorare mamma Beatrice, Anna ha preso il pennarello nero ed ha fatto uno scarabocchio proprio al centro della figura, sopra il vestito rosa. Poi, nel disegnare se stessa, si è ritratta con il sorriso rivolto verso il basso e le lacrime che scendono dagli occhi.

Lacrime disegnate non come dei semplici puntini ma grandi, troppo grandi per essere figlie del caso.

L'atmosfera e le dinamiche del disegno lasciano intendere che qualcosa non va.

La maestra Maria decide di rivolgere qualche domanda alla piccola, prima di mettersi in contatto con i genitori ed allarmarli forse per nulla.

- Anna, perché ti sei disegnata con le lacrime? E' successo qualcosa? Ti va di parlarne con me? -

- Maestra, ho le lacrime perché sono triste, non vedi che non ho neanche il sorriso? -

- E perché sei triste piccina mia? -

- La mia mammina ha un cancro... -

Anna è nata nel 2001, in settembre. Frequenta l'ultimo anno della scuola materna, ma ha pronunciato delle parole che lasciano la maestra Maria impietrita.

Ha parlato come una persona adulta. Anzi, ha vomitato dal suo piccolo corpicino un'espressione che a volte nemmeno noi adulti riusciamo a pronunciare o che sussurriamo sotto voce.

Cancro.

La maestra trattiene a stento le lacrime e, con voce tremolante, cerca di stemperare la situazione e gli animi.

- Ma Anna, ne sei sicura? Forse la tua mamma sta solo poco bene... -

- Certo che ne sono sicura e sono triste perché se lei sta tanto male forse è per colpa mia -

- Ma io ho fatto la brava, non mi sembra di averle disubbidito... -

- Certo che no Anna...tu sei una bambina speciale e i tuoi genitori ti vogliono tanto tanto bene, ne sono sicurissima

- E dimmi, quando ha sentito pronunciare questa parola, cancro... -

- Qualche giorno fa, la mamma era al telefono, parlava sotto voce e piangeva ...io mi sono avvicinata piano piano alla porta ed ho ascoltato -

- Ora capisco; vuoi che ti sistemi la coda? Mettiamo quel ferma capelli che ti piace tanto, che ne dici? -

- Va bene, ti posso abbracciare? -

- Certo Anna, certo -

La maestra Maria, appena terminato l'orario di lavoro, prende in mano il cellulare e chiama Beatrice. Le racconta del disegno, le racconta della conversazione avuta con Anna.

Beatrice piange. Maria piange. Poi arriva il momento in cui farsi forza e stabilire cosa è meglio fare per il bene di Anna.

Come affrontare la situazione? Andare sull'argomento, far finta di nulla, aspettare?

E poi, ammesso e concesso di volerla informare sulla questione, cosa puoi dire a una bimba di soli cinque anni? Che ne sa lei di che cos'è il cancro? Che cosa può capirne di tumori?

Beatrice pensa vorticosamente.

- Che stupida che sono stata... non dovevo farmi sentire ne vedere così... -

Beatrice ha le idee confuse. Ha un cancro in corpo e adesso anche il peso di una bimba cui dare risposte, risposte che non sa nemmeno dare a se stessa. Forse è per questo che pensa di aver sbagliato, che Anna non doveva conoscere la verità. Non doveva sapere.

Beh, sicuramente sarebbe stato meglio creare un contesto diverso, nel quale dire ad Anna cosa stava succedendo, prendendosi il tempo di essere chiari e semplici, di rassicurarla sul fatto che lei non c'entra nulla, che non ha colpe per la malattia della mamma.

Una cosa però è certa. Nasconderglielo le avrebbe fatto più male. Adesso, da piccola. Domani, da donna adulta. Il fatto che oggi lo sappia, alla fine non è il maggiore dei mali.

Ora Beatrice, il papà Alberto, la maestra Maria, dovranno trovare il modo di tranquillizzare e rassicurare Anna così da sollevarla da ogni senso di colpa che il suo cuoricino, ancora troppo piccolo per certe cose, sta sopportando. Sarà difficile. E' vero. Ma non impossibile.

Per sconfiggere il suo cancro, mamma Beatrice avrà anche bisogno dell'aiuto di lei, la sua piccola Anna, dalla lunga coda scura, dallo sguardo attento, dallo zainetto di Frozen sulle spalle.

So che questo è un argomento molto delicato, e sto cercando di affrontarlo con i guanti.

Non parlo per esperienza personale, ma per interposta persona posso dire che nascondere ai figli situazioni di questo tipo può rivelarsi davvero dannoso. Chi ha trovato il coraggio e la forza di parlarne, di cercare di spiegare in qualche modo cosa stava succedendo, ha riscontrato di aver fatto la scelta migliore.

Difficile. Difficilissima. Ma la migliore.

Molti non la pensano così, e ritengono che sia orrendo parlare ai propri piccoli di cose come questa. Ed è vero. E' orrendo. E'terribile.

Inoltre, noi genitori abbiamo d'istinto la volontà di tenere lontano dai nostri figli i dispiaceri, le cose brutte, i problemi seri che questa vita riserva. Pensiamo in tal modo di proteggerli. E a volte ci riusciamo.

Ma ci sono circostanze nelle quali un'apparente protezione può creare enormi ferite che nel tempo minano la fiducia, che nascondono ai nostri figli verità che invece dovrebbero conoscere, perché solo conoscendole potrebbero affrontarle con successo.

Forse direte: "certo, questo discorso può essere valido se ti riferisci a figli grandicelli, adolescenti o più grandi ancora, ma come puoi parlare di cancro ad una bimba di soli cinque anni?..."

Torno a ripetere che è davvero complicato, sia emotivamente che mentalmente compiere un passo del genere.

Se ci troviamo in questa situazione, possiamo chiedere aiuto, suggerimenti; ovviamente non a Wikipedia o al primo blog per mamme che troviamo su Google. Piuttosto, vi sono specialisti che possono fornire un supporto molto valido in questi casi; associazioni riconosciute per serietà e competenza su tutto il territorio nazione.

Certo, rimane il fatto che non sarà il silenzio a risparmiare dolore né a noi, ne ai nostri figli.

La storia stessa insegna che dichiarare la verità, per quanto amara possa essere, alla lunga paga immancabilmente.

E la verità va detta a tutti, sempre.

Anche ai nostri figli.

Con tatto, con tutta la diplomazia, l'amore e la semplicità che riusciamo a mettere in campo, ma va detta.

Anna è nata nel 2001, in settembre, e oggi frequenta il secondo anno della scuola primaria. Porta ancora una bellissima coda scura sulla schiena ed ha un viso sereno, sorridente, direi soddisfatto.

Le piacciono ancora Frozen e le principesse Disney, ma ora lo zainetto caricato sulle spalle è quello di Dory, il pesce smemorato del film Nemo, e l'astuccio è quello di Minny.

Porta le Converse numero 34, e sceglie già accuratamente il suo look prima di uscire di casa.

Anna è forte.

Anna è più forte delle bambine della sua età.

Anna aveva una mamma malata di cancro.

Adesso Anna ha una mamma che ha sconfitto il cancro e in fondo, riflette tra sé e sé, un pochino è anche merito suo.

6.Sul tuo comodino

Sul tuo comodino, di fianco al letto, di solito cosa tieni??

Un portalampada, la sveglia, un bicchiere di acqua, il caricatore del telefono, gli occhiali da vista; in sostanza tutte cose dall'utilizzo pratico, mi risponderai.

Vero, ma se ci pensi bene non solo questo.

Vi sono difatti alcuni oggetti dal significato speciale, che per istinto o per bisogno desideriamo avere sempre a portata di mano: un libro, carta e penna, un soprammobile o un monile ricevuto in dono, un portafotografie, eccetera eccetera.

Istinto e bisogno.

Tutti questi oggetti, e chissà quanti altri ancora, nascondono un significato molto profondo; un senso che va oltre la materia di cui sono fatti.

Alcuni, dimensioni permettendo, li portiamo sempre con noi, nella borsa, nello zaino, nel portafoglio.

Invece in altri casi li collochiamo in un luogo preciso, dove trovano il loro posto naturale; quasi per creare un piccolo altare personale dove raggruppare ciò che riteniamo più prezioso e intimo, o che ci ricorda il legame che abbiamo con qualcuno o con qualche ricordo importante.

Tra questi luoghi, il comodino o la mensola vicino al letto rappresenta indubbiamente una posizione di favore.

Le ragioni sono molto semplici. Ad esempio, quando per necessità ci ritroviamo a dover restringere gli spazi a nostra disposizione, facciamo una selezione delle cose importanti che vogliamo avere a portata di mano o, come nel caso del comodino, letteralmente al nostro fianco.

In genere si parte con una scrematura, dalla quale però restano fuori quelle due o tre cose che sono assolutamente fuori classifica, ovvero "indiscutibilmente necessarie".

Poi, a seconda della superficie a disposizione, aggiungiamo altri oggetti seguendo criteri ben precisi che alternano l'utilità al valore sentimentale.

Tutto questo procedimento, è una piccola rappresentazione teatrale della nostra personalità. Conosci il proverbio "dimmi con chi vai e ti dirò chi sei"? Ebbene, qualcosa di simile si può affermare osservando gli oggetti a cui siamo più legati o dai quali non possiamo assolutamente separarci.

Per studiosi, analisti e scienziati, tutto questo rappresenta una succulenta materia di studio. E' un portale verso il nostro io interiore e verso tutti quei meccanismi complessi di cui siamo a conoscenza, ma che non riusciamo a classificare o spiegare. Li vediamo, sono lì sotto i nostri occhi, ma alla domanda "perché sta succedendo" non sappiamo dar risposta.

Siamo fatti davvero in modo incredibile, no?

Sono anche questi dettagli a ricordarci quanto siamo "singolari" rispetto al resto del creato.

Osservando la natura rimaniamo stupefatti, abbagliati, incantati per la sua maestosità, complessità, bellezza.

Eppure ci sono alcuni piccolissimi gesti compiuti dall'uomo che, in quanto a profondità e interrogativi aperti, superano la conoscenza che abbiamo dei fenomeni naturali.

Sappiamo bene perché piove, quali organi compongono il nostro corpo e come funziona una cellula, conosciamo l'esatta composizione del terreno della Luna, possiamo prevedere un terremoto, uno tsunami. Siamo in grado di costruire, edificare e anche di distruggere. Sappiamo inventare, modificare, aggiustare.

Ma davanti ad alcuni nostri comportamenti ci arrestiamo.

Sì, tentiamo di fornire delle risposte e in genere ce la caviamo parlando di "istinto", un termine più legato al regno animale che all'uomo.

Però obbiettivamente come spiegazione non ci soddisfa. Vorremmo saperne di più, capirne di più.

Sono legato ad un determinato oggetto per via di "chi" me l'ha dato? Per il "momento" in cui mi è stato dato? O forse era il "luogo"? E se non fosse nessuna di queste la ragione principale? Magari ne sono attratto per motivi passionali o per il valore economico attribuito o investito per poterlo possedere.

Diciamo che le ragione potrebbero essere molteplici. Comunque, nella maggior parte dei casi, l'oggetto in questione rappresenta un portale verso affetti e ricordi ben precisi, forse determinanti o particolarmente intensi.

Potrebbe aver acquistato valore dopo una perdita, dopo un dramma. Oppure essere il simbolo di un legame con qualcuno di lontano. Lontano nello spazio, ma forse anche nel tempo.

Ancora, alcuni oggetti ci ricordano come eravamo e chi erano le persone che ce li hanno donati.

Sono piccole macchine del tempo.

Sono protesi che si protendono per tenerci legati a qualcuno o a qualcosa, oltre lo scorrere inesorabile delle lancette dell'orologio, oltre le distanze.

A volte abbiamo ben chiare in noi queste motivazioni; altre volte invece non riusciamo a classificare esattamente un perché, una ragione, di tali legami.

E sono proprio questi interrogativi a renderci unici, a ricordarci che siamo esseri speciali, con uno scopo speciale.

Perché nonostante tutto, la vita è una cosa meravigliosa...

E tu, sul tuo comodino cosa tieni?

7. Alibi

Secondo il dizionario Garzanti, la parola "Alibi" ha i seguenti significati:

1. argomento di difesa con il quale l'accusato mira a provare di non aver commesso un reato in quanto si trovava in un luogo diverso da quello in cui veniva consumato il reato stesso: alibi di ferro, sostenuto da molte prove o testimonianze; costruire, fabbricarsi un alibi, procurarselo con prove o testimoni falsi; smontare un alibi, dimostrarne l'infondatezza

2. scusa, pretesto: alibi morale

L'argomento "alibi morale" sicuramente stuzzica la curiosità di molti ed è fonte di infinite discussioni.

Cosa vuol dire fabbricarsi o costruirsi un alibi morale? E' corretto dal punto di vista etico? E' un'azione che porta davvero alla tutela personale di qualcosa? Fino a che punto ci si può spingere per crearsi un alibi?

In genere sono queste le domande che ci facciamo alla presenza di chi è un accanito sostenitore della filosofia dell'alibi morale.

E di questi tempi, ne girano parecchi di individui convinti che il fine debba sempre e comunque giustificare i mezzi. Non importa a cosa si deve ricorrere, ciò che conta è scaricare le responsabilità su qualcun altro.

Scatta così il meccanismo del vittimismo: "tu non puoi capire", "tu non sai cosa sto provando", "tu non sei in grado di giudicarmi", "tu non hai il diritto di dirmi cosa fare", "tu mi devi assecondare, devi portare pazienza, devi tollerare, devi, devi,devi..."

La sfilza dei "tu" accompagnata dai "devi" non si riesce nemmeno a calcolare quando siamo di fronte a personalità che, per debolezza o per astuzia, fanno l'inverosimile per convincerci che dobbiamo fare un passo indietro e lasciare ampio spazio a comportamenti o reazioni che normalmente fermeremmo o giudicheremmo fuori luogo.

Alcune persone, passano la loro intera esistenza a costruire complessi castelli di scuse o pretesti. Il loro fine? Prendersi indebite libertà nei confronti degli altri o celare le proprie mancanze.

E qui entra in gioco l'altra parolina magica che, insieme al "tu" e al "devi", non manca mai sulla bocca di quelli che in inglese sono chiamati "serial alibistic", creatori seriali di alibi. La parolina è "gli altri". E' sì, perché sono sempre gli "altri" a fare o non fare quelle cose che, secondo gli alibistic, li inducono in difficoltà o li mettono in brutte situazioni.

Proprio così; non sono i personali sbagli di valutazione, le tendenze errate, l'incapacità di gestire rapporti sociali, la mancanza di opportuna riflessione, o un brutto carattere a essere i colpevoli dei guai degli amanti dell'alibi morale. No, sono sempre e immancabilmente gli "altri".

A partire dalle persone più vicine, sino al perfetto sconosciuto che per puro caso incrociano per la strada. E' tutta colpa degli "altri".

Ammettiamo che cercare scusanti è una tendenza umana a tratti accettabile; essendo imperfetti tendiamo a sbagliare, e a ogni sbaglio non sempre corrisponde un atto di umiltà, ovvero riconoscere il proprio errore. Inoltre a volte le cose non dipendono davvero da noi, ma da fattori esterni quali gli imprevisti, il comportamento del prossimo ecc..

Ma il serial alibistic non è semplicemente vittima dell'imperfezione, non ragiona seguendo queste logiche. Lui o lei, non si pongono il problema degli effetti che i loro pretesti possono avere sul prossimo. No, non gli interessa proprio. Conta solo il loro punto di vista, la loro prospettiva.

Se ti permetti di portare avanti delle logiche, anche schiaccianti, che possono in qualche modo minacciare il castello del loro alibi sei rovinato.

Diventi l'inumano che non sa mostrare considerazione, quello che non ha pietà, quello che "non capisce perché è più fortunato", quello che non sa essere misericordioso, l'asociale, l'intollerante; insomma, sei il personaggio crudele della favola, il Rasputin malefico della situazione.

Davanti a queste reazioni, che fai? Anche se hai la tentazione di farti valere, spesso torni sui tuoi passi e finisci per condonare/scusare l'accaduto. Dopo aver ceduto, vieni ringraziato? Assolutamente no, hai solo fatto il tuo dovere. E intanto i ricercatori seriali di alibi proliferano.

Esiste una soluzione? Esiste un antidoto che possa debellare questo virus? Beh, è difficile inquadrare una soluzione specifica.

Diciamo che esistono alcuni accorgimenti che possiamo adottare per non cadere vittime ogni volta dell'astuzia o dell'ignoranza dei serial alibistic.

Questa tattica o inclinazione mentale, potrebbe evitarci un'eccessiva erosione di stomaco e farci vedere le cose con quel distacco sufficiente per non crearci turbamenti.

Ad esempio, il più delle volte l'alibistic sfrutta la confidenza che gli diamo. Questo ci insegna che una "scelta attenta" delle amicizie può fare la differenza. Certo, se hai sposato un alibistic la vedo dura...ma non disperare.

Altro fattore di cui tenere conto è "l'elemento fiducia".

Come analizzeremo più avanti nel libro, la fiducia è una questione molto importante. Non si può pensare di vivere serenamente se non ci si fida di nessuno. Ciò non toglie che possiamo creare delle classifiche o dei "livelli di fiducia" da associare alle persone che ci stanno intorno.

Se al lavoro, a scuola, in altre situazioni sociali, mi rendo conto che sono presenti personaggi che ricercano costantemente dei pretesti, direttamente con me oppure con altri, devo imparare a prendere le debite misure e se necessario le debite distanze.

Come in ambito giudiziario, l'alibi è costituito da prove o testimonianze; quindi dovrei pensare che anche i pretestuosi sfruttano ciò che vedono e sentono per creare il proprio piano. Pertanto, dovrò filtrare ciò che faccio o dico in loro presenza; in tal modo offrirò pochi elementi da far divorare ai mangiatori di alibi.

Un altro aspetto è "il contesto". Bisogna limitare al massimo il rapporto diretto con l'alibistic.

Essere da soli con loro in alcune circostanze, rispondere a messaggi strani, a telefonate ambigue e simili, può costituire una grave minaccia.

In genere l'alibistic punta sugli attacchi diretti ma senza troppi testimoni, perché altrimenti potrebbe ritrovarsi a fare i conti con la logica comune, con l'opinione generale ma coordinata di più persone.

Pertanto mai restare soli, se possibile, con un pretestuoso seriale.

Lo so. Vi starete chiedendo se è corretto assumere un simile atteggiamento.

Tranquilli, il problema non siete voi, il problema non l'avete voi.

Però vi ci dovete confrontare, e farlo diventa ancor più difficile quando pensiamo che eticamente non è corretto credere di potersi prendere tutte le libertà del mondo senza pagare dazio.

La questione del "fino a che punto ci si può spingere" è davvero annosa e, come un sentiero di montagna, piena di pericoli e incognite. Nonostante questo, la consapevolezza di non essere individui di tale sorta e che alla fine paghiamo tutti per i nostri debiti, potrebbe aiutarci a vedere le cose in maniera diversa. Più distaccata.

Chi ha uno spiccato senso di giustizia ed è portatore sano di alcune virtù, viene assalito dall'orticaria quando vede un abilistic dare il meglio di sé.

Questo,purtroppo, non è sufficiente per cambiare le cose, e non è nemmeno abbastanza per motivare qualcuno a fare dei cambiamenti drastici nella propria personalità e smettere di fabbricarsi alibi a destra e a manca.

Quindi, tanto vale la pena prenderla con maggiore filosofia, il che non vuol dire arrendersi o condonare. Semplicemente limitare i danni.

Mi vengono in mente le parole della canzone del buon Daniele Silvestri, che s'intitola per l'appunto Alibi:

"su quali alibi calibri la validità
quali ali di colibrì libri nell'aria
e quali macabri crimini tragici o comici
mi dici che c'è chi ti recriminerà
per quali metodi meriti la tua indennità
quali labili crediti credi di avere qua
per quali taciti traffici illeciti eviti di
dire che c'è chi ti recriminerà".

Un vero e proprio sciogli lingua, vi sfido a leggere il testo senza inciamparvi...

Daniele,nel suo brano, si riferisce in particolare a chi detiene il potere, ma il concetto dell'indennità si può applicare universalmente a chiunque. E, per usare un suo passaggio, quali labili crediti potranno mai pensare di avere personaggi che alla fine verranno chiamati a saldare il loro conto??

Nella vita consideriamo molto importante l'opinione degli altri.

Anche quando saremo morti è probabile che si parli ancora di noi, ed è in quel frangente che il nostro reale valore verrà a galla.

Quindi caro il mio alibista, per cosa vuoi essere ricordato? Per aver passato il tempo a sbolognare le tue responsabilità? Per non aver mai riconosciuto i tuoi errori? A te la risposta, e cari saluti.

8.Storia di un obiettivo 40mm

Secondo i professionisti della fotografia, alcuni degli obiettivi montati sulle loro potenti reflex digitali sono più efficaci di altri nel restituire la fedeltà dei colori e il realismo delle immagini.

Tra questi, un posto di rilievo lo trova proprio il 40mm. Indipendentemente dalla marca dell'obiettivo, una peculiarità comune a quest'oggetto è la capacità di riprodurre fedelmente tutte le tonalità primarie.

Ad esempio, in un primo piano i dettagli della pelle sono estremamente curati, mentre rimangono buoni gli effetti dei cosiddetti colori saturi.

Questo preambolo tecnico mi serve da preludio per raccontarvi la storia di uno di questi obiettivi.

Il proprietario del nostro 40mm è un reporter freelance, uno di quei fotografi professionisti che girano il mondo alla ricerca dello scatto della vita, quello che ti fa vincere il Pulitzer tanto per capirci.

Il reporter di cui vi narro, è specializzato nei servizi realizzati nelle terre martoriate dai conflitti. Africa, Medio Oriente, Asia e tutte le zone definite "calde", dove guerre ufficiali o combattimenti etnici hanno la meglio sulla pace ormai da decenni. Guerre di religione, guerre per il petrolio, guerre per i diamanti, per la droga, per la supremazia razziale o tribale.

Guerre, soltanto che guerre.

Il 40mm nei lunghi viaggi del suo proprietario ne ha viste proprio di tutti i colori. Essendo adatto ai primi piani è usato come obiettivo primario, quindi difficilmente trova posto nello zaino. Le poche volte che lascia il corpo macchina è per essere sottoposto alla pulizia e manutenzione che, con meticolosa cura, il reporter gli rivolge. Quando questo accade, prova un notevole sollievo. Vi chiederete il perché...

Beh, comincia a essere stanco. E non è solo una questione di scatti, di volte in cui il suo fedele occhio si apre e si chiude. E' stanco di ciò che deve inquadrare, giorno dopo giorno. E' vero, lui non è la memoria di ciò che riesce a rapire, a riprodurre; lui si preoccupa di acquisire, ed è in seguito la collega memory card a farsi carico di memorizzare lo scatto, fermandolo per sempre nel tempo. Nonostante questo, sente comunque il peso di tutto ciò che deve fissare, ora dopo ora.

Bambini in condizioni penose, donne disperate, vecchi con i visi scavati dal dolore e dallo sconforto. Distruzione, sangue, fiamme, macerie, morte.

C'è una cosa che più di tutte lo indispone.

Gli occhi.

Quando il suo proprietario avvicina lo zoom puntandolo sugli occhi della gente, lui si sente morire, perché in quell'esatto momento riesce a vedere l'anima delle persone, grandi e piccole, e ne coglie tutte le sofferenze, tutte le agonie, tutti i perché.

E se ne fa carico, come il testimone oculare di un omicidio o di un evento drammatico.

Sa che dovrà restituirli, quegli occhi, in tutto il loro contenuto, in tutto il loro dolore, in tutta la loro drammaticità e non può fissare altrove, non può ignorarli.

Gli occhi.

In quei momenti, pensa al collega 300mm che resta ben accomodato e protetto nello zaino del reporter. Lui non esce quasi mai allo scoperto, e quando lo fa, osserva le cose da lontano, vede il quadro generale che, per tanto brutto che sia, gli risparmia quello che invece trasmettono gli occhi della gente.

Pensa anche ai suoi primi scatti.

Si ricorda perfettamente quando il reporter lo acquistò presso un negozio nelle vicinanze di Central Park. Ricorda i suoi primi batter di ciglia, quando nell'inquadratura entrarono fiori, animali, e i tanti dettagli colorati del parco: bambini felici intenti a rincorrersi, il musicista di strada che suona davanti ad un piccolo pubblico con la sua chitarra acustica, la ragazza con i rollerblade e il tizio che fa jogging. Ricorda il carretto dei gelati e quello degli hot dog, il vecchio intento a leggere il Times e il colletto bianco che in pausa pranzo ascolta musica dal suo ipod.

Poi, il primo viaggio in aereo. E tutto quel mondo, che inizialmente l'aveva stupito e fatto sentire orgoglioso delle sue capacità, scompare. Lascia il posto alla tristezza, alla polvere del deserto, al fumo dei giacimenti di petrolio in fiamme, ai mezzi corazzati distrutti e abbandonati per le strade, ai quartieri demoliti dai bombardamenti, ai mercati nelle piazze in cui regna il terrore e dove basta il minimo segnale di allarme per scatenare l'inferno.

Si chiede se sia giusto fare il lavoro del reporter, se sia necessario mostrare al mondo cosa l'uomo è capace di fare quando perde il buon senso, quando si dimentica cos'è l'amore.

E la sua coscienza gli da sempre la medesima risposta: si, il mondo deve sapere, il mondo deve vedere.

Per rendersi conto di quanto la pace sia un bene prezioso, pare proprio che l'uomo debba toccare il fondo e osservare da vicino il frutto dell'odio, dell'egoismo, del potere corrotto, dell'amore per il denaro.

Il 40mm si sente stanco, ma è consapevole della grossa responsabilità che gli è stata affidata. E' per questo che continuerà a svolgere il suo fedele servizio. Finché le forze glielo permetteranno, fino a che potrà aprirsi e chiudersi per fermare in un istante il tempo e renderlo perenne.

Non sa quanti scatti ancora gli rimangono, ne ha fatti tanti.

Forse gliene restano 10.000 o 50.000, non ne è sicuro.

Quello che spera, è che prima di essere riposto in una scatola e abbandonato in un ripostiglio, il suo proprietario gli dia l'ultima soddisfazione.

Fotografare il volto sorridente di un bimbo mentre pronuncia le parole "la guerra è finita".

Ancora una volta gli occhi, ma degli occhi carichi di speranza.

9. Non mi fido

Si dice che la fedeltà rappresenti uno dei beni più preziosi che abbiamo. In effetti, poterci fidare di qualcuno e, a nostra volta, essere considerati affidabili è fondamentale per raggiungere un certo grado di stabilità e serenità. Molti la paragonano all'aria che respiriamo, giusto per simboleggiare in modo chiaro l'impellente necessità che abbiamo di dare e ricevere fiducia.

Oggi la maggioranza dei servizi di cui usufruiamo basa la propria reputazione sul rating, sui feedback che gli utenti lasciano dopo aver acquistato, utilizzato, visionato, ciò che le grandi aziende di ogni settore offrono sul mercato globale.

Anche nella realtà quotidiana siamo costantemente invitati a esprimere la nostra opinione.

Sei stato a pranzo in un bar e hai gradito il tramezzino?

Vai sulla pagina facebook del locale e metti il tuo Mi Piace. Sei stato dal dentista per farti sistemare una carie? Prima di andartene, ricorda di compilare il questionario sulla soddisfazione del cliente. Hai fatto il tagliando all'auto? Hai preso la metropolitana? Hai assistito a un'opera o all'esposizione di un artista? Hai semplicemente fatto la spesa da Esselunga? Devi lasciare il tuo feedback.

E così via per mille altre cose o circostanze.

Possiamo dunque affermare che ormai, nella maggioranza dei casi, siamo continuamente chiamati ad esprimere opinione o grado di soddisfazione personale, e pare proprio che la nostra parola abbia grande valore in questo circo del rating!

Ma è davvero così? E poi, ha valore solo per fini commerciali e di marketing, oppure ha un peso specifico che la posiziona nell'olimpo delle virtù?

Per rispondere, possiamo rifarci al titolo di questo capitolo, "non mi fido".

Purtroppo, la realtà dei fatti dimostra che questa espressione fa parte ormai del gergo comune, dell'opinione di default che le persone hanno del prossimo. Triste a dirsi si applica soprattutto a coloro che più ci sono vicini o che maggiormente frequentiamo.

Non fidarsi degli sconosciuti può essere considerato sinonimo di prudenza, ma non aver fiducia in coloro che abitualmente sono nostri collaboratori, amici, parenti, è davvero drammatico.

Viviamo in un'epoca piena di contraddizioni e forse quella di cui stiamo parlando è tra le maggiori.

Mettiamo un like a un perfetto sconosciuto su Instagram o su Facebook, e poi non ci fidiamo del nostro coniuge, dei nostri figli o genitori, del nostro collega o del nostro datore di lavoro. E questa malfidenza, come una radice dannosa e soffocante, rovina a volte in modo irrimediabile i nostri rapporti umani.

Come siamo arrivati a questo punto??

Una volta non bastava forse una semplice stretta di mano per siglare accordi importanti? Oggi non servono nemmeno le firme in calce su contratti stipulati alla presenza di notai o di altri organi di vigilanza per garantire l'adempimento di quanto accordato. Nulla può impedire di venire meno a quanto promesso o stabilito. Nelle piccole cose, come nelle grandi.

Probabilmente, la chiave dell'attuale insuccesso in termini di reciproca fiducia sta proprio nell'espressione usata poco fa, "venire meno nelle piccole e nelle grandi cose".

Chi non riesce a essere affidabile di fronte alle piccole promesse evidentemente non sarà in grado di portare avanti discorsi più complessi.

Perché a volte manchiamo di affidabilità anche nelle piccole cose? Perché facciamo semplici promesse che poi non riusciremo a mantenere?

Spesso ciò accade perché ci sopravvalutiamo. L'eccessiva sicurezza nei nostri mezzi o nelle nostre capacità ci porta a dire sempre di sì, o ad accettare ogni proposta che riceviamo. Magari lì per lì qualche dubbio ci viene, ma poi concludiamo che in qualche modo, lecito o meno lecito, ce la caveremo.

Anche se l'autostima e il coraggio possono considerarsi importanti nel cogliere le sfide della vita e tenere botta in questo pazzo mondo, non vanno mai confusi con l'incoscienza. Molte volte il problema è non saper calcolare bene le forze e il tempo di cui davvero disponiamo. Viene meno quel concetto di "ragionevolezza" che ci rende consapevoli, felicemente consapevoli, dei nostri limiti. Si chiama "mancanza di modestia".

La modestia non è una caratteristica che ci tarpa le ali, che ci impedisce di crescere, migliorare o spiccare simbolicamente il volo. Piuttosto è simbolo di grande forza interiore, di equilibrio, di saggezza, di autocontrollo.

Molti purtroppo non sanno nemmeno cosa sia, o la reputano una debolezza, la voce del grillo parlante che va zittita anziché ascoltata.

Risultato? Si trasformano in veri e propri "bidoni", in bugiardi seriali, persone cui non dà credito più nessuno. Macchiano la loro reputazione.

Altre volte il timore di dire di no e fare dunque false promesse potrebbe essere figlio di una smisurata insicurezza, oppure delle eccessive aspettative che gli altri nutrono nei nostri confronti. Per non deluderli indossiamo maschere che non ci rappresentano veramente, facciamo compromessi, raccontiamo menzogne. Ma questo, è un prezzo troppo alto da pagare per piacere agli altri. Le ripercussioni sono troppo pesanti per essere ignorate. Diventa poi difficile guardarsi allo specchio e riconoscersi ancora, essere in pace con se stessi.

E' vero, le pressioni sono tante, ma confondere la "disponibilità richiesta" con la fiducia non è saggio, piuttosto è autolesionistico.

Tirando un pochino le somme, se vogliamo avere fiducia negli altri dobbiamo per primi essere persone fidate, persone che sanno fare certe scelte. La prima, indubbiamente, è non caricarci oltre il dovuto. Se non riusciamo a mantenere le nostre promesse, piccole o grandi che siano, deve essere per errore o imprevisto non controllabile, e non per ambiguità, falsità o superficialità. La seconda è non conformarsi alla nuova moralità, che asseconda ogni comportamento non virtuoso. Quante volte ci è stato suggerito "tu devi sempre dire di sì, poi fai quello che ne hai voglia". Questo non è affatto un saggio consiglio.

La terza, è ricordarci che la nostra "parola", ciò che diciamo, deve necessariamente avere valore.

Non può essere rimpiazzata da un like.

Se intraprendiamo il cammino che prevede il totale svilimento di ciò che diciamo o promettiamo, ci ritroveremo in una fitta ombra dove distinguere il vero dal falso diverrà impossibile.

Infine, non lasciamoci strumentalizzare dal mondo del commercio, da quello dei social o dell'intrattenimento. La popolarità su Instagram, su Facebook o su altri social non può essere il metro di misura per stabilire che tipo di persone realmente siamo, quanto valiamo in termini di valori morali o di talento. Questi strumenti di condivisione vanno usati in modo equilibrato, senza farsi prendere dalla mania del "virale".

Un tempo, prima dell'Era Tecnologica, con firme e strette di mano si stipulavano accordi di pace, si stringevano alleanze intercontinentali, si stabilivano contratti commerciali dalla durata centenaria, si mantenevano impegni personali di ogni sorta.

Oggi le firme sono digitali, i contratti si stipulano davanti ad un terminale e gli accordi commerciali si rinnovano di anno in anno o addirittura di mese in mese.

Nonostante questo però possiamo ancora dare valore a ciò che diciamo e a ciò che scriviamo.

Possiamo ancora trasformare quel "non mi fido" in un "mi fido di te..."

10. E' finito il tempo

Il tempo, è considerato uno dei beni maggiori che abbiamo; probabilmente è il secondo o il terzo per importanza, dopo l'amore e la salute.

E' talmente prezioso, che alcuni sono disposti a spendere molto denaro o a investire ingenti risorse per poterne risparmiare un po' o averne di più a disposizione.

Nel mondo dell'industria, della tecnologia, dello sport, l'uomo lotta e lavora costantemente per risparmiare secondi, a volte anche millesimi, che possono fare la differenza.

Frazioni di secondo che possono trasformare qualcuno in un leader, in un campione.

Pensate alle gare automobilistiche o motociclistiche, oppure all'atletica o a quelle fabbriche che sfornano migliaia e migliaia di prodotti ogni ora, dalle caramelle agli ultimi oggetti hitech in voga.

Per questi settori, anche le infinitesime parti di secondo, quelle che i nostri normali orologi da polso non conteggiano, possono rappresentare oro e fama.

Davvero un grande affanno quello che sta dietro l'industria del tempo.

Il tempo però non appartiene a nessuno, e lo dimostra molto chiaramente. A volte usiamo l'espressione "il mio tempo", ma in fondo non è affatto così. Lui passa inesorabile, e nonostante tutti gli sforzi che l'uomo possa fare per imbrigliarlo o per fermarlo, non molla nulla.

Non concede ritardi sulla sua tabella di marcia, anzi, ci dimostra secondo dopo secondo la sua superiorità.

L'uomo, ha adottato i termini "inizio" e "fine". Con queste due parole pensa di poter dare uno spazio definito, delimitato, al tempo; ma in realtà può riferirsi solo a se stesso o alle cose, alle azioni, che compie e al modo in cui esse si collocano nel tempo.

Siamo noi ad aver bisogno di trovare spazio nel tempo, non il tempo stesso.

Un'altra convinzione comune è che il passare del tempo corrisponda "necessariamente" all'acquisizione di esperienza, saggezza, perspicacia. Se sei al mondo da più tempo rispetto ai tuoi contemporanei hai più esperienza di vita.

Beh, questo è da vedersi, o per lo meno direi che è soggettivo. Molto soggettivo.

Aver visto tante cose o vissuto giorni, mesi o forse anni più di altri, non significa necessariamente aver imparato qualcosa dai propri errori o dalle circostanze incontrate lungo la linea del tempo.

Ci sono persone relativamente giovani che dimostrano una maturità senza paragoni rispetto ad altri più maturi anagraficamente parlando, ma non mentalmente. Quindi, il tempo non influisce in modo costante o matematico nemmeno sotto questo aspetto.

E' al di sopra dell'individualismo.

Certo, il concetto di "progresso", che sia tecnologico, scientifico, culturale, o di qualsiasi altro tipo, pare andare di pari passo con lo scorrere del tempo. Guardando a "come eravamo noi", a "cosa eravamo in grado di fare" e a cosa "sappiamo fare oggi", il salto di qualità è evidente.

Questo salto però si misura anche in base all'impegno e alle risorse umane ed economiche messe in campo, e non solo al "trascorrere" dei decenni passati a costruire substrati di tecnologia e scienze.

Difatti, sono molti i casi in cui un rapido progresso è stato seguito da infinite fasi di stallo o addirittura di abbandono. Quando una tecnologia cambia completamente direzione si tende a parlare di "evoluzione", ma in molte circostanze sarebbe più corretto usare la parola "fallimento".

"Servirsi" del tempo, non significa pertanto "possederlo o dominarlo".

Poi c'è la questione legata al titolo di questo capitolo. Cosa intendo dire? Domanda.

Per noi esseri umani, il tempo a disposizione per abitare questo pianeta è finito oppure è finito il tempo di vivere pensare e agire in un determinato modo?

In effetti il gioco di parole, "è finito il tempo" o viceversa, può dar vita ad almeno un paio di interrogativi e risposte assai diverse.

Ebbene, rispondiamo subito alla seconda ipotesi interrogativa, ossia "chiedersi se è finito il tempo di vivere secondo determinati standard".

La risposta è si, purtroppo o per fortuna.

Non sapendo apprezzare le proprie condizioni o privilegi rispetto al resto delle creature esistenti in natura, l'umanità ha gettato alle ortiche la qualità della propria vita, e lo ha fatto "in ogni senso".

Allontanandosi sempre di più da un modello sano, ricco di valori e virtù, di creatività e positività, l'uomo si è isolato dal resto della natura che lo circonda.

Questo innalzarsi verso l'Olimpo ha prodotto risultati positivi? Assolutamente no.

Negli ultimi vent'anni la razza umana ha ferito il pianeta e l'intero ecosistema facendo uso di un macete, e non di un semplice rasoio per barba.

Ha distrutto violentato e depredato le risorse naturali di interi continenti, surriscaldato l'atmosfera, persino estinto specie viventi.

Tutto nel nome del progresso o del benessere materiale destinati, attenzione attenzione, "solo ad una piccola porzione della popolazione mondiale", solo ad una "èlite". Tutti gli altri miliardi di persone sono costrette a vivere in un mondo malato, azzoppato, non più quello di prima, e addirittura senza averne tratto alcun vantaggio.

Mettersi contro la casa che ci ospita da alcune decine di migliaia di anni non è stata una mossa saggia.

Il tempo in cui pensavamo di poterla fare da padroni è finito. Abbiamo ricevuto lo sfratto.

Bisogna darsi una registrata.

Il pianeta Terra, non può e non vuole essere visto semplicemente come una bella palla azzurra che spicca nel buio dello spazio.

E noi, dobbiamo tornare a sentirci "ospiti e non padroni". Dobbiamo metterci in regola, e farlo anche in tempi rapidi.

Questo primo ragionamento ci porta dritti all'altro interrogativo insito nel titolo di questo capitolo: è forse finito il tempo in cui l'umanità può risiedere su questo pianeta?, siamo davvero vicini all'estinzione, all'autodistruzione o a qualche catastrofe globale che estinguerà il nostro genere?

Molti sono fermamente convinti che sia iniziato il conto alla rovescia che porterà l'umanità alla sua scomparsa come specie. Altri addirittura ipotizzano la fine dell'intero pianeta.

Questi timori sono talmente diffusi che influenzano non solo le serie tv e il cinema di Hollywood, ma anche ricerche scientifiche ed investimenti globali.

Ci sono numerose equipe di brillanti scienziati che investono tempo e quantità enormi di denaro per creare simboliche arche di salvataggio per le classi più ricche e potenti del pianeta. Rifugi atti alla preservazione programmata di risorse naturali, di opere che testimoniano la nostra storia e quant'altro, dove solo l'élite troverebbe riparo e sopravvivenza. Tutto questo non è la trama di un film di fantascienza, ma la realtà.

Fiumi di denaro che potrebbero migliorare le condizioni dell'umanità e che invece vengono destinati a progetti alquanto discutibili.

Per carità, ogni individuo può fare ciò che vuole con i propri soldi, ma se pensiamo a quanti bisogni abbiamo, sia nel campo della ricerca medica che nel soddisfare alcune necessità basilari delle nazioni più povere, qualche domanda dovremmo farcela.

Molte di queste ipotesi catastrofiche, sono comunque figlie della presa di coscienza generale che non siamo stati ospiti rispettosi. Scienziati, studiosi, organi di vigilanza, sanno bene quanto il macete è penetrato a fondo e quanti danni reali stiamo facendo, giorno dopo giorno, al pianeta e al sistema che permette al pianeta stesso di continuare a funzionare.

Eppure sfugge la cosa più ovvia.

Ignorano, e a onor del vero lo facciamo un po' anche tutti noi comuni mortali, quanto sia potente "la forza della vita".

Anche in questo caso pensiamo di arrogarci il primato. Quando si parla di "vita", vediamo solo noi stessi ignorando che "tutto intorno a noi" è vita, "tutto ha uno scopo". Forse diverso dal nostro, meno longevo o più longevo, ma comunque con una "ragion d'esistere".

Quindi mi chiedo, come possiamo concludere che la nostra sopravvivenza possa dipendere "solo ed esclusivamente dal nostro potere decisionale"? Non è una palese mancanza di modestia credere che se la nostra specie continuerà o non continuerà ad esistere possa derivare semplicemente dal "nostro volere"?

Riflettiamo.

Quante volte la vita si è interrotta a causa di un disastro naturale per poi ricominciare?

Quanta forza c'è in un fiore che spunta dall'asfalto o in quel gabbiano ricoperto di petrolio che cerca comunque di spiccare il volo?

Quanta forza c'è in quella mamma che protegge col suo stesso corpo i propri cuccioli dai bracconieri o in quella terra che dopo essere stata data alle fiamme torna a fiorire?

Davvero pensiamo che se non ci fossero le città, con il loro cemento e le loro risorse energetiche artificiali, saremmo circondati da deserti privi di vita?

L'uomo ha costruito, si è preso i suoi spazi come è giusto che sia, ma non l'ha fatto sul nulla. Ha prodotto energia utile, ma non l'ha creata dal nulla, piuttosto ha trasformato qualcosa di pre esistente e indipendente da lui. Quindi, niente di nuovo sotto il sole.

Se dunque "la fonte" non siamo noi, come possiamo concludere di riuscire a chiudere il rubinetto?

Abbiamo capito contro chi e cosa dovremmo lottare per arrivare a rovinare irrimediabilmente tutto?

Allora, facciamoci un po' meno suggestionare dalle visioni catastrofiste e ricominciamo a rispettare, accudire, sfruttare in modo pulito ed equilibrato le risorse meravigliose di questo pianeta.

Il tempo dell'uomo non è finito, ma è finito il tempo di sentirci ciò che non siamo.

Ospiti, non padroni.

11. John Lennon sprofonda in un pozzo

Nel ricordo comune di Lennon, come uomo e come artista, spiccano i soliti dettagli che la storia, le notizie di cronaca o il gossip ci hanno trasmesso.

Beatles, Yoko Ono, New York, India, Vietnam, concerti di protesta, attivismo e movimenti pacifisti, albums da solista, amministrazione Nixon, poesie, disegni, fotografia, Bowie Jagger ed Elthon John, 8 dicembre 1975, assassinio.

Ancora oggi è considerato tra i cento britannici più influenti di sempre.

Ma c'è dell'altro, altri fatti, che portano a conoscere l'uomo oltre l'apparenza, oltre il concetto generale di artista sensibile e visionario che con la sua "Imagine" raccontava di un mondo pieno di pace e unità.

Addirittura, un'analisi o conoscenza più approfondite della sua vita potrebbero farlo risultare un personaggio controverso, e non coerente con il suo messaggio principale.

Ad esempio, non tutti sono a conoscenza del percorso che l'ha portato a sprofondare in un pozzo dal quale sembrava non essere più in grado di risalire.

Per usare parole sue, "stava andando a pezzi".

Accadde dopo l'elezione di Nixon e in contemporanea con la separazione, o "lost weekend", voluta da Yoko Ono perché impegnata nella ricerca di se stessa e bisognosa di più spazio vitale, o forse emotivamente distrutta da alcuni episodi umilianti a cui Lennon l'aveva sottoposta in presenza di amici comuni e componenti della band.

A Los Angeles, John incontra un nemico che potrebbe portarlo all'auto distruzione.

L'alcol.

Anche le droghe diventano un rifugio pericoloso, tant'è che già in precedenza aveva rischiato l'estradizione per detenzione di cannabis. Ma è soprattutto l'alcol ad avere la meglio su di lui e a condizionare pesantemente le sue azioni e il suo comportamento. Eccessi, risse, devastazione, crisi artistica.

Ogni sera una sbronza; sempre in giro a bere per i locali con amici che non riuscivano a contenerlo e che cercavano semplicemente di limitare i danni delle sue reazioni violente.

La separazione dalla Ono lo sta distruggendo emotivamente, e sprofonda sempre di più.

Anche lei risente in parte della distanza, ma artisticamente continua ad essere prolifica, sospinta da personaggi come Warhol. Quindi riesce a trovare delle valvole di sfogo che le permettono di non soffrire oltre modo della separazione da John.

Poi, nel momento più profondo della crisi, Lennon si sveglia e decide di chiudere con l'alcol. Si rintana in studio e produce un lavoro, "Walls and Bridges".

Il disco, grazie al successo del singolo "Whatever Gets You Thru the Night", arriva al primo posto in classifica negli Stati Uniti.

E' il momento della rinascita, della risalita. Il peggio sembra passato.

Nel 1975 John torna a NY e ritrova la sua musa, Yoko. Segue la nascita del figlio Sean e il ritiro dalle scene, che si mormora sia dovuto anche a causa di una dipendenza da eroina.

Poi il buio, di nuovo.

Ma questa volta, un buio senza ritorno.

E' la sera dell'8 dicembre 1980 e sono le 22.51; Lennon si trova di fronte all'ingresso del Dakota Building quando un venticinquenne di nome Mark Chapman esplode contro di lui cinque colpi di pistola colpendolo quattro volte.

Viene portato subito al Roosevelt Hospital, ma un proiettile centra in pieno l'aorta. Viene dichiarato morto alle 23.07.

Finisce così, in modo drammatico, la vita di un artista indubbiamente unico.

Come menzionavo all'inizio del capitolo, la maggioranza delle persone collega Lennon ad alcuni preconcetti e momenti storici della musica globale perché spesso sono solo questi gli aspetti che riviste, web e televisione fanno passare sulla sua vita che invece è molto articolata. Siamo di fronte ad un uomo assai talentuoso, ma anche parecchio controverso. O per lo meno contradditorio rispetto al messaggio che faceva passare con la sua musica.

Personalmente ho studiato molto la sua storia, in parte per scrivere cose fondate e fedeli sul suo conto in questo libro, ma anche per il fascino che esercita la sua figura artistica.

Chiunque fa musica, non può che riconoscere lo spessore, la creatività, la profondità di John e del gruppo di lavoro che aveva saputo creare nel dopo Beatles.

Chissà cos'altro ci avrebbe regalato se fosse ancora in vita, quali canzoni o progetti avrebbe elaborato e distribuito.

Una cosa però è certa. Lennon, e non solo lui, ha pagato a caro prezzo il successo planetario della sua arte. E non mi riferisco all'attentato, ma a quegli eccessi che più volte l'hanno portato sul baratro dell'autodistruzione. Alcuni sostengono che reggere i ritmi dello star system sia tutt'altro che facile, e la storia anche recente di molti esponenti storici della musica sembra confermarlo. Altri ritengono che non c'è vera espressività artistica senza qualche sofferenza, qualche motivo oscuro che la alimenti. Talento e dannazione. Talento ed estrema fragilità. Talento e dolore.

Io, sono di tutt'altro avviso. Appartenendo alla sfera degli artisti "non famosi" ed essendo un attento osservatore della scena indipendente globale, posso affermare che al mondo esistono migliaia e migliaia di persone con un enorme talento che praticano la propria arte in totale tranquillità e solo per il gusto di farlo. Artisti per amore, per bisogno di comunicazione. Non artisti tormentati o sempre sul filo del baratro. E' vero, molto può dipendere dal carattere, dall'estrazione, da altri fattori psicologici che possono portare chi è sotto le luci dei riflettori a non saper gestire la pressione o gli impegni che un determinato successo comporta. Ma è anche vero, e correggetemi se sbaglio, che nessun artista è obbligato a raggiungere livelli di successo che non sa gestire.

Pertanto, quella "dell'artista dannato" non è l'unica e vera strada percorribile per esprimersi in modo talentuoso. Si tratta anche in questo caso di scelte. Esistono poi persone con difficoltà comunicative che riescono solo ad esprimersi attraverso la musica, la pittura, la scrittura o altre forme. Usano dunque l'arte come unico veicolo per aprirsi al prossimo, per vincere il proprio disagio. Ma sono una minoranza. I più, associano la passione e la comunicazione a normali attitudini sociali.

Perché praticare qualche forma d'arte è una cosa meravigliosa; è un valore aggiunto che aiuta a crescere e a sfruttare le emozioni e il piacere che derivano dall'eseguire con le proprie mani o con la propria voce qualcosa di sublime.

Conclusione

Anche questo libro giunge al termine. Siamo a quota due di questa trilogia, di questo progetto che mi piace paragonare ad un viaggio in lungo e in largo per quel simbolico pianeta che è La Vita.

Come avrete ormai colto, non è un viaggio di quelli perfettamente organizzati. Si passa da una destinazione all'altra facendo girare vorticosamente il mappamondo e puntando il dito a caso sopra una destinazione. A volte possono capitare località vicine, altre volte invece sono l'una all'opposto dell'altra.

Molti si interrogano chiedendosi se conti di più il viaggio o la destinazione. Io credo che conti maggiormente "la voglia di partire".

"L'immobilismo" è una brutta zavorra.

Il sogno può diventare come un vento che non riesci a stringere tra le mani, quindi passare le propria esistenza vivendo solo di illusioni può essere deludente e ingannevole.

Ma continuare a sperare in qualcosa di diverso, di migliore, per te e per le persone che ami è come sentirne la brezza tra i capelli, è come una carezza invisibile che ti fa stare meglio.

In fondo, chi può dire veramente quanta differenza ci sia tra sognare e sperare.

Perché nonostante tutto, la vita

è una cosa meravigliosa...

DICONO...

AMEDIT

Rivista Amedit-Amici del Mediterraneo, trimestrale di Costume e Società, Letteratura, Arte, Scienza, Antropologia, Cinema, Musica.

Posted on 10 novembre 2016

Parole, musica ed emozioni nelle Lettere di G.

Il sorprendente libro di Giuliano Floreancigh arriva direttamente all'anima del lettore

DONNISSIMA

Attualità Moda Cinema Letteratura

Posted on 2016

"Dedicato a tutti coloro che sono convinti di potercela fare", un augurio più che una dedica quella che Giuliano Floreancigh affida alle pagine del suo libro caratterizzato da una scrittura intensa ed agevole.

http://libriamoci-mc.blogspot.it

Posted on 23 novembre 2016

"Lettere di G" è la raccolta ordinata e piacevole che l'autore regala ai lettori.
Un insieme di pensieri di diverso genere e natura che si intrecciano per meditare e riflettere su immagini, ricordi, musica e pensieri intimi e profondi.
In poco più di 50 pagine, la quotidianità e la realtà si uniscono a diversi fattori ed esperienze personali dell'autore, per cercare di evocare riflessioni su ciò che riempie il presente, ma anche tutto quello che ha formato e riempito le nostre giornate per arrivare al presente.

Youtube gfproduzionimusicali
Instagram @gfproduzionimusicali
Blog scriverelegerefaremusica.blogspot.it

Opere artistiche di Giuliano Floreancigh
Audio
Return To You di G.F. per ImusicianClassic
Medusa EP di G.F. per ImusicianRockAlternative
01.02.1974 di G.F. per ImusicianClassic
Libri
Lettere di G anno 2016 per Lulu.com

ISBN 978-1-326-93574-0

Prezzo Suggerito 10,00 Euro